Die richtige Ernährung bei Endometriose

50 Rezepte gegen Regelschmerzen und chronische Unterleibsschmerzen

Inklusive Nährwertangaben

1. Auflage

Alle Ratschläge in diesem Buch wurden sorgfältig erwogen und geprüft. Eine Garantie kann dennoch nicht übernommen werden. Eine Haftung des Autors beziehungsweise des Verlags für jegliche Personen-, Sach- und Vermögensschäden ist daher ausgeschlossen.

Inhaltsverzeichnis

1. Endometriose ist kein Schicksal, dem man sich willenlos hingeben muss

Endometriose ist eine Krankheit, die in den letzten Jahren immer mehr an Aufmerksamkeit gewonnen hat und das nicht ohne Grund. Wenn Sie durch den Buchtitel neugierig geworden sind, hat die Erkrankung Endometriose einen Platz in Ihren Gedanken, wenn nicht sogar schon in Ihrem Leben eingenommen. Jede Frau, die an Endometriose erkrankt ist oder noch vermutet, daran erkrankt zu sein, ist eine Heldin, die ihren Beschwerden täglich die Stirn bietet. Die alltäglichen Beeinträchtigungen der Krankheit stellen eine große Bürde dar. Endometriose ist so allgegenwärtig, da besonders in der aktuellen Zeit und durch bessere Forschungsmethoden festgestellt wird, dass diese Erkrankung als Antwort auf das große Fragezeichen hinter den Beschwerden vieler Frauen gesehen werden kann.

Neben vielen ausschweifenden, fachmedizinischen und sehr theoretischen Texten stützt sich dieses Buch auf die wichtigsten Informationen, um die Krankheit verständlich und greifbarer machen zu können. Hier erwartet Sie eine überzeugende Kombination aus einem Einblick in die Krankheit und worum es sich bei Endometriose genau handelt sowie realitätsnahen Tipps. Nach dem informativen Teil folgen 50 leckere Rezepte, die von Comfort Food über Health Booster bis zu vielfältigen Desserts jeden Geschmack abdecken und beim Umgang mit Endometriose sehr unterstützend wirken können. Die Ernährung spielt bei diesem Krankheitsbild nämlich eine deutlich größere Rolle, als Sie vielleicht angenommen haben.

Wir wünschen Ihnen daher eine spannende Reise durch die unbekannte Welt der Krankheit, hoffentlich eine große Linderung Ihrer Beschwerden durch die Anwendung der Inhalte und viel Spaß beim Kochen der leckeren Rezepte.

2. Die Ernährung ist eine der größten Stellschrauben unseres Körpers

Wie der Titel der Einleitung schon sagt, hat unsere Ernährung sehr viel damit zu tun, wie unser Körper sich verhält und wie wir uns fühlen oder auf äußere Einflüsse reagieren. ‚Du bist, was du isst' ist keine leicht daher gesagte Floskel, sondern die pure Wahrheit. Alle sieben Jahre erneuern sich die Zellen unseres Körpers dadurch, dass wir unserem Organismus genug Nährstoffe zuführen und die Zellen genug Energie haben, um sich selbst zu erhalten und auch zu erneuern. Diese Energie stammt einzig und allein aus der Nahrungsaufnahme. Die Art unserer Ernährung bestimmt letztendlich die allgemeine Konstitution unseres Körpers. Dazu gehört die Widerstandsfähigkeit gegenüber äußeren Einflüssen, wie die Stärkung unseres Immunsystems, um Krankheitserreger zu bekämpfen. Ebenso wird unser geistiges Wohlbefinden maßgeblich durch das bestimmt, was wir auf dem Teller serviert bekommen. Die physischen und psychischen Gegebenheiten greifen wie ein Zahnrad ineinander und sorgen letztendlich auch dafür, dass der Umgang mit Krankheiten wie Endometriose etwas erleichtert wird. Tatsächlich kann eine gezielte Ernährungsumstellung, die dauerhaft und mit etwas Disziplin in den Alltag integriert wird, Symptome der Erkrankung Endometriose lindern und sogar im besten Fall präventiv wirken. Wenn Sie sich ungesund ernähren, reagiert Ihr Körper häufig mit Magenbeschwerden, unreiner Haut oder schlechter Stimmung. Bei besonders gesunder Ernährung und genug Wasserzufuhr ist ein klareres Hautbild und die schlichte Abwesenheit von kleinen, sich anhäufenden Beschwerden zu bemerken. Diese Merkmale sind nur die oberflächlichsten und bewusst spürbaren Veränderungen, die bei bewussterer Ernährung eintreten. Die Wahl dessen, was letztendlich auf dem Teller landet, ist also sehr viel wichtiger als es zunächst scheint. Diese große Möglichkeit an Veränderungen durch Ernährung wirkt sich im Folgenden dann auch genauso auf Krankheitsbeschwerden aus, wie auf den Körper selbst. Aus diesem Grund erhält die Ernährung mit Tipps und Rezepten einen so großen Anteil in diesem Ratgeber.

3. Diagnose Endometriose und ihre Symptome

Endometriose an sich beschreibt einen Zustand im Körper, an dem bestimmte Zellen den für sie vorgesehenen Ort verlassen haben und sich an einem anderen Ort ansiedeln. Es gibt unterschiedliche Theorien zur Entstehung von Endometriose, da die Forschung noch nicht eindeutig sagen kann, wie die Krankheit letztendlich entsteht. Die Ansammlungen von Zellen, welche sich am falschen Platz im Körper befinden, nennt man Endometrioseherde. Die Zusammensetzung dieser Zellen ist ebenso vielfältig wie die verschiedenen Krankheitsausprägungen. Die häufigsten Gewebetypen der Endometrioseherde sind Drüsen- und Bindegewebe sowie Lymph- und Blutgefäße. Außerdem haben diese Zellen Östrogen- und Progesteronrezeptoren. Diese Rezeptoren können die jeweiligen Hormone an sich binden und sind auch der Grund dafür, warum Endometrioseherde so stark auf Hormonschwankungen reagieren. Eine häufig genutzte Therapie zur Bekämpfung von Endometriose ist daher die Hormontherapie. Die Krankheit betrifft ausschließlich Frauen im reproduktiven Alter. Gerade diese Gruppe hat gesteigerte Hormonwerte, weshalb auch zu dieser Zeit eine Chance auf Endometriose besteht.

Bevor die Erkrankung Endometriose überhaupt richtig diagnostiziert wird, durchläuft man im schlimmsten Fall einen langen Prozess von Arztbesuchen und Fehldiagnosen, weil die Symptome der Krankheit so vielfältig sind und schnell falsch gedeutet werden können. Der Ursprung der so vielfältigen Symptome kommt auch daher, dass Endometriose vielfältige Krankheitsausprägungen hat und ganz unterschiedliche Krankheitsbilder mit sich zieht. Die typischste Ausprägung der Krankheit bezieht sich auf die Gebärmutterschleimhaut, das Endometrium. Die Gebärmutterschleimhaut überzieht die innere Wand der Gebärmutter und bildet die Krankheit dann aus, wenn sich Zellen der Gebärmutterschleimhaut außerhalb dieser ansiedeln und weiterwachsen. Zumeist sitzen Zellen der Gebärmutterschleimhaut dann auch in der Gebärmutterhöhle und verursachen durch ihre dortige Existenz und das Wachstum starke Schmerzen, besonders während der Menstruation. Diese Erkrankung wird im Fachjargon auch als Endometriosis genitalis interna bezeichnet. Im Durchschnitt sind 7 bis 15 aus 100 Frauen von dieser Krankheit betroffen und 70 % der Erkrankten verspüren, unabhängig von der jeweiligen Ausprägung, deutliche Symptome. Eine andere Ausprägung bezieht sich auf die Eierstöcke. Hier ist es so, dass Menstruationsblut durch starke Verkrampfungen der Gebärmutter während der Menstruation die Eileiter hochgeleitet wird. Dieser Mechanismus ist an sich gar nicht so ungewöhnlich und kommt häufiger vor. Die fremden Zellen, welche durch das Blut dann in den Eileiter transportiert werden, werden normalerweise durch die sogenannten Fresszellen unseres Körpers wieder vernichtet. Sie sind wie die Polizei für falsch abgebogene Zellen in unserem Körper. Wenn die Fresszellen aber nicht mehr richtig funktionieren, können sich die fremden Zellen in den Eierstöcken ansiedeln und bilden Endometrioseherde aus. Im schlimmsten Fall sind beide Eierstöcke betroffen und es kommt zu unerwünschter Kinderlosigkeit. Die Vaginal-Endometriose ist besonders schwierig zu erkennen. Die Endometriose-Herde bei dieser Ausprägung liegen im inneren vaginalen Bereich. Da die Zellverbände der Endometriose so hormonaffin sind, bluten die der vaginalen Endometriose meist sogar zeitgleich zur normalen Menstruationsblutung.

Andere Ausprägungen der Krankheit zielen nicht nur auf den Bereich der Gebärmutter ab, bei welchen es dann zu deutlich stärkeren Blutungen und Unterleibskrämpfen kommen kann. Bei der Douglas-Endometriose treten vor allem Schmerzen beim Geschlechtsverkehr auf. Diese Ausprägung erstreckt sich in einen Hohlraum unseres Körpers, den Douglas-Raum. Dieser verkörpert den tiefsten Punkt der Bauchhöhle und befindet sich zwischen dem Rektum und dem Uterus. Zellen können sich in diesem Hohlraum besonders gut ansiedeln, vernarben und fixieren die Gebärmutter. Beim Geschlechtsverkehr braucht die Gebärmutter aber einen gewissen Bewegungsspielraum, welcher dann nicht mehr gegeben ist und zu Schmerzen führt. Andere Ausprägungen der Endometriose werden mit exgenitalis betitelt, weil Sie außerhalb der weiblichen Genitalien und Geschlechtsorgane liegen. Ein Befall von fremden Zellen ist dann auch in der Muskulatur, Lunge oder Harnblase möglich. Die Endometriose in den Muskeln sorgt für eine stetige Verdickung der jeweiligen Muskelpartie. Dies geschieht durch Einblutungen in die Muskelfasern, die nicht abfließen können und auch Hohlräume verursachen. Bei Ausprägung in der Lunge entwickelt sich ein unangenehm blutiger Husten. Die Ausprägung in der Harnblase kommt dem Gefühl einer Blasenentzündung sehr ähnlich und sorgt für blutigen Urin.

Der Verlauf der Diagnose ist mit Glück kurz, aber in den meisten Fällen entwickelt sich eher eine lange Krankengeschichte. Je nach Symptom konsultiert man am besten zunächst seinen Frauen- oder Hausarzt, welcher bei Bedarf eine Überweisung zum Internisten ausstellt. Der Weg zum Arzt wird häufig in Angriff genommen, wenn die Symptome bereits ein schmerzhaftes Niveau erreicht haben und man deutlich spürt, dass etwas nicht stimmt. Dadurch, dass die Symptome auf so viele andere Krankheiten zusätzlich hinweisen und Endometriose nur sehr schwierig zu erkennen ist, folgt oft eine Reihe von Tests. Diese Tests sind dazu da, andere Krankheiten auszuschließen, und sie lassen nicht zwingend auf die Inkompetenz des Arztes schließen. Es geht einzig und allein darum, auch wirklich die richtige Diagnose zu stellen. Wenn ein Verdacht auf Endometriose besteht und alle anderen Krankheiten ausgeschlossen werden müssen, wird zumeist eine Laparoskopie durchgeführt. Hierbei werden verdächtige Zellen, die eventuell zu Endometrioseherden gehören, entnommen und zum Testen ins Labor geschickt. Bei der Endometriose ist es nämlich so, dass die Zellen nur unter dem Mikroskop und im ausführlichen Test ganz eindeutig als Endometriosezellen identifiziert werden können. Wenn Unsicherheiten bestehen, greift man häufig zur Magnetresonanztomografie, um mit diesem bildgebenden Verfahren eindeutige Endometrioseherde zu bestimmen. Ist dies geschehen, wird eine therapeutische Behandlung der Erkrankung in die Wege geleitet. Eine allgemeingültige Behandlungsmethode wurde bis heute nicht entwickelt und muss auf jeden Patienten individuell angepasst werden. Der zuständige Arzt entwickelt dann einen ganz persönlichen Therapieplan, der auf eine Kombination aus medikamentösen und chirurgischen Verfahren setzt.

Die Medikamente sind Hormonpräparate, die so gut es geht auf Ihr Hormonbild angepasst werden. Diese müssen für mindestens 6 Monate genommen werden, um eindeutig erkennen zu können, wie die Hormone auf den Körper wirken. Die chirurgische Methode folgt dann meist im Anschluss. Hierbei werden die Endometriosezellen häufig weggelötet, damit keine Zelle übrig bleibt, die die Zellteilung vollziehen könnte und sich der Zellverband am Ende wieder neu ausbildet. Bevor die Hormontherapie einsetzt, und noch vor der richtigen Diagnostizierung, steht üblicherweise die symptomatische Behandlung der Schmerzen mit diversen nicht-hormonellen Medikamenten wie Aspirin oder Ibuprofen. Die erläuterte Behandlung findet immer in einer bestimmten

Reihenfolge statt. Zuerst werden die Symptome mit Schmerzmitteln behandelt. Je nachdem wie lange die Patientin diese Behandlung mitmacht, folgt darauf die genauere Untersuchung. Wenn keine Fehldiagnose gestellt wurde und Verdacht auf genau diese Erkrankung besteht, müssen die Zellen zur Untersuchung ins Labor geschickt werden. Nach der eindeutigen Identifizierung wird ein individueller Therapieplan entwickelt, der hauptsächlich Hormonpräparate umfasst. Da die Endometriosezellen gutartig sind und keine direkte Lebensbedrohung darstellen, werden nur wenig Forschungsgelder akquiriert, sodass die verschriebenen Hormonpräparate nur ansatzweise auf den Körper abgestimmt sind und somit auch nur bedingt passen. Wer eine Hormontherapie durchführt, muss viele unschöne Nebenwirkungen erdulden. Die lange Wirkungszeit der Hormontherapie verlängert die gesamte Behandlungszeit sehr stark. Erst wenn die Hormone nicht erfolgreich wirken, wird oft ein chirurgischer Eingriff eingeleitet. Diese Behandlungsmethode dauert sehr lang, ist mit vielen Nebenwirkungen verbunden und schadet eventuell nachhaltig dem natürlichen Hormonhaushalt. Wenn Sie selbst betroffen sind, steht also die Überlegung im Raum, ob Sie die chirurgische Behandlung direkt durchführen möchten oder nicht. An weiteren Behandlungsmethoden und neuen Hormonpräparaten wird trotzdem weiterhin geforscht.

Um der Krankheit direkt präventiv entgegenzuwirken, gibt es ganz unterschiedliche Konzepte. Die etwas bekannteren Formen der Endometriose werden auch gerne durch eine zu starke Menstruationsblutung ausgelöst. Dieser Faktor lässt sich durch das richtige Pillenpräparat regulieren. Die Pille sorgt allgemein dafür, dass die Menstruation während der Einnahme deutlich schwächer ausfällt oder ganz ausbleibt. Natürlich ist die Einnahme von zusätzlichen Hormonen nicht der Idealfall, wenn es um Prävention geht. Wenn Sie aber sowieso mit dem Gedanken gespielt haben auch bei der Verhütung auf die Pille zurückzugreifen, schlagen Sie zwei Fliegen mit einer Klappe, indem sie das Endometrioserisiko zusätzlich senken. Untersuchungen haben außerdem ergeben, dass eine gesunde und ausgewogene Ernährung mit genügend Bewegung präventiv wirkt. Diese sorgt nicht nur für eine allgemein gesündere Körperkonstitution. Die Kombination aus guter Ernährung und ausreichend Bewegung senkt auch das persönliche Stresslevel, was ein großer Faktor bei der Krankheitsentstehung ist. Es wurde sogar bereits belegt, dass ein stressiger Alltag zu stärkeren Verkrampfungen der Gebärmutter während der

Menstruation führt und damit das Endometrioserisiko steigt. Besonders entspannend wirken auch Yoga und autogenes Training. Sie greifen ebenfalls entspannend in unser vegetatives Nervensystem ein. Progressive Muskelentspannung hat denselben Effekt. All diese Arten von Bewegung oder Entspannung können in Kursen erlernt oder mit Internetzugang auch durch Onlinekurse von Zuhause aus gemacht werden.

Wenn man präventiv nichts mehr tun kann, weil das Kind in den Brunnen gefallen ist und die Endometriose diagnostiziert wurde, muss die Hoffnung nicht direkt aufgegeben werden. Neben den chirurgischen und hormonellen Behandlungsmethoden haben Sie die Zügel auch selbst in der Hand und können ihre Situation verbessern. Einerseits gibt es die Möglichkeit der Ernährungsumstellung. Die schon erwähnte gesunde und ausgewogene Ernährung sollte auf wenigen langkettigen Zuckern basieren. Dazu gehören beispielsweise Vollkornprodukte und Körner. Eine Ernährung mit etwas weniger Fleischkonsum im Durchschnitt wirkt bewiesenermaßen auch entzündungshemmend. Die Rezepte, welche nach dem informativen Teil noch folgen, sind schon an diese Ernährungsweise angelehnt. Sie enthalten viel Gemüse, hochwertige Öle, gesunde Zuckeralternativen und die Gerichte mit Fleisch sind insgesamt gesehen auch legitim. Es werden durchweg gesunde Fleischsorten gewählt. Wenn Sie ihren Fleischkonsum trotzdem noch mehr reduzieren möchten, können die Fleischbestandteile der Rezepte selbstverständlich durch vegetarische und vegane Alternativen auf Soja- oder Seitanbasis ersetzt werden. Grundsätzlich ist die Menge der fleischhaltigen Rezepte aber nicht bedenklich und hält sich an die beste Ernährungsweise für Endometriose. Der Fettgehalt der einzelnen Gerichte mag manchmal höher ausfallen. Das liegt vor allem daran, dass der Anteil der Kohlenhydrate, also einfache Zucker, minimiert wurde. Es wird nur mit hochwertigen Ölen gearbeitet, die auch für Endometrioseerkrankte vollkommen unbedenklich sind. Ebenso entzündungshemmend wirken die Healthy Herbs als diverse Tees für unterschiedliche Beschwerden. Einige Beschwerden, wie die Infektanfälligkeit während der Menstruation, das häufigere Auftreten von Autoimmunkrankheiten oder ein andauerndes Müdigkeitsgefühl lassen auf eine negative Auswirkung der Krankheit auf das Immunsystem schließen. Der Rezeptteil mit den Health Boostern zielt also auch vor allem darauf ab, das Immunsystem zu unterstützen und zu stärken.

4. Basiswissen für die Ernährung bei Endometriose

Wie schon zum Ende des dritten Kapitels angesprochen, ist es bei der Ernährung mit Bezug auf die Krankheit besonders wichtig, eine entzündungshemmende Wirkung zu erzielen. Dies geschieht durch den Verzicht auf Industriezucker oder allgemein kurzkettige Zucker. Stattdessen ist es ratsam, zu langkettigen Zuckern zu greifen. Dazu gehören Vollkornprodukte, Gemüse und im süßen Bereich eher Obst als Gummibärchen oder Schokolade. Zusätzlich helfen hochwertige Öle dabei, dem Körper Kraft zu geben. Diese sind gesund und kommen aus Nüssen, Leinsamen, Oliven etc. Eine gewisse Einschränkung des Fleischkonsums wirkt auch entzündungshemmend. Man muss nicht komplett auf Fleisch verzichten, weshalb auch in den Rezepten teilweise gesundes und hochwertiges Fleisch enthalten ist. Dieses lässt sich ebenso gut durch komplett vegetarische Alternativen auf Sojabasis etc. auswechseln. Die Teemischungen, welche unter den Healthy Herbs Rezepten zu finden sind, haben durch die enthaltenen Heilpflanzen eine ebenso entzündungshemmende Wirkung. Auch die Rezepte der Healthy Booster, welche beispielsweise Ingwer enthalten, erfüllen diese Eigenschaften. Alle Rezepte wirken sich positiv auf das Immunsystem aus, da grundsätzlich viele Vitamine enthalten sind. Viel Gemüse, Kräuter und Obst schaffen neben gesunden Ölen und langkettigen Kohlenhydraten eine gute Basis zur Stärkung des Immunsystems.

Die Ernährung hat neben den entzündungshemmenden Eigenschaften auch eine große Auswirkung auf den Hormonhaushalt. Hormone senden Signale in alle Regionen unseres Körpers und sind maßgeblich dafür verantwortlich, wie es uns geht, wie reizbar oder schlecht gelaunt wir sind und wie stark sich Stimmungsschwankungen ausprägen. Sind die Hormone nicht mehr im Gleichgewicht, was in manchen Lebensphasen wie den Wechseljahren ganz üblich und normal ist, zeigen sich Symptome wie Haarausfall oder Hitzewallungen. Die richtige Ernährung kann dazu beitragen, unseren Hormonhaushalt in ein gutes und gesundes Gleichgewicht zu bringen. Gewisse Lebensmittel, die auch wiederholt in den Rezepten zu finden sind, unterstützen die natürliche Ausbalancierung unseres Hormonhaushaltes. Dazu gehören beispielsweise die Radieschen, welche besonders vitaminreich sind. Ebenso viele Antioxidantien haben Blaubeeren, Chiasamen und Acaibeeren. Alle fermentierten Lebensmittel, wie Joghurt oder Sauerkraut, wirken sich positiv auf den Darm aus. Der Darm wird oft als das Gehirn des Körpers bezeichnet und die allgemeine Körperkonstitution hängt sehr von einer gesunden Darmflora ab. Ingwer ist neben seinen entzündungshemmenden Eigenschaften auch voller Vitamine und wirkt sich positiv auf unser Immunsystem aus. Besonders Walnüsse beeinflussen unseren Hormonhaushalt auf gute Weise, weil sie ebenso viele Antioxidantien beinhalten und wie auch Wildlachs reich an Omega-3-Fettsäuren sind. Melatonin, auch als Schlafhormon bekannt, wird im Gehirn produziert. Da die Omega-3-Fettsäuren das Gehirn unterstützen, wird die Produktion von Melatonin reguliert, sodass Sie nicht zu müde, aber auch nicht zu schlaflos sind. Walnüsse regulieren ebenso den Cholesterinspiegel und pushen die gesunde Aktivität des Herz-Kreislauf-Systems. Der Abfall des natürlichen Östrogenspiegels in den Wechseljahren wird durch Granatapfel abgeschwächt. Die enthaltenen sogenannten Phytoöstrogene sind sekundäre Pflanzenstoffe, die sich zum Beispiel auch in Sojabohnen befinden. Sie sind mit dem normalen Östrogen nicht ganz gleich zu setzen, haben aber einen ähnlichen Aufbau und wirken im Körper dann auch so ähnlich wie die normalen Östrogene. Neben dem Hormongleichgewicht spielt auch das Gleichgewicht zwischen sauer und basisch in unserem Körper eine große Rolle. Das ideale Körpermilieu ist immer ein reduktiv-basisches Milieu. Basisch und sauer wird über den pH-Wert gemessen und reduktiv beziehungsweise oxidativ beschreibt den Mangel oder Überschuss an Elektronen. Das reduktiv saure Milieu ist grundsätzlich vorteilhaft für alle bakteriellen Infekte, während das oxidativ saure Milieu ein gutes Zuhause für Pilzinfektionen bietet. Das oxidativ basische Milieu sympathisiert mit Virus-Infekten und kanzerogenen Geschwülsten. Eine große Auswahl bleibt also nicht und das reduktiv-basische Milieu ist anzustreben. Der regelmäßige Konsum von ionisiertem Wasser und die Einbindung von Rohkost in den Speiseplan hilft, dieses für den Körper so gesunde Milieu zu erreichen. Die Reduktion von Stress, Ärger und Angst ist genauso förderlich, weil diese Gefühle die Bildung von Salzsäure im Körper verursachen.

5. Praktische Alltagstipps

Mit ein paar Tipps und Tricks können Sie die ganzen Ratschläge und Infos Stück für Stück in ihren Alltag mit einbauen, sodass Sie mit der Zeit eine breite Palette an gefestigten Verhaltensmustern haben, die sich unterstützend auf ihr Krankheitsbild auswirken. Schon im Supermarkt angefangen, setzt sich die Devise durch, so bunt wie möglich einzukaufen. Wenn Sie nicht wissen, worauf Sie beim Einkauf als Erstes achten sollen und sich von den unendlichen Tipps und Tricks überwältigt fühlen, können Sie sich einzig und allein auf den Inhalt ihres Einkaufswagens konzentrieren. Je bunter die Produkte, desto besser. So haben Sie schon einen Großteil an vielfältigen Gemüse- und Obstsorten eingepackt. Die gesunden Kohlenhydrate und vielfältigen Nährstoffe sowie Vitamine sind also abgehakt. Bei der Kühltheke angekommen, wählen Sie möglichst naturbelassene Zutaten wie Kräuterquark oder Naturjoghurt. Käse und Wurst sind kein Tabu, achten Sie hierbei nur auf die Menge an Fleisch, welche Sie sich in den Einkaufswagen legen. Bei den Getreideprodukten steht Vollkorn auf dem ersten Platz. Dunkles Brot ist nicht sofort gesund. Manche Brote wurden mit Malz nachgefärbt und sollen nur einen gesunden Anschein machen, achten Sie also auch hier auf die tatsächliche Zusammensetzung. Hochwertige Öle, Fleisch und Fisch bilden eine gute Eiweißgrundlage und vervollständigen ihren Einkauf. Wer einen stressigen Alltag hat, meint vielleicht, keine Zeit für Sport erübrigen zu können. Egal ob eine Stunde Yoga oder eine halbe Stunde spazieren gehen, ihr Stresslevel wird es Ihnen danken. Der positive Effekt ist es durchaus wert, sich die Zeit für einen Spaziergang an der frischen Luft freizuhalten. Auch wenn Sie mit entspannendem Sport anfangen möchten, muss dies nicht sofort drei Mal die Woche stattfinden. Überfordern Sie sich nicht zu Beginn ihres Vorhabens und fangen Sie lieber langsam an, um sich hinterher vielleicht doch noch zu steigern. Die Reduktion von Stress wirkt sich allgemein sehr positiv auf den Körper aus und ein vollgequetschter Tagesplan, indem eine Entspannungsübung die nächste jagt, ist vielleicht am Ende doch nicht so effektiv wie eine bewusste Entspannungsübung pro Woche. Die Teerezepte aus den Healthy Herbs Rezepten lassen sich ebenso sehr gut als Entspannungsritual einbinden. Wenn Sie diese Tees für diverse Symptome anwenden, setzen Sie sich vielleicht während des Verzehrs in Ruhe hin und legen auch ihr Handy währenddessen bei Seite. In einem stressigen Alltag kommt auch die Selbstfürsorge gerne mal zu kurz und sorgt nicht unbedingt für eine Verminderung von Stress. Wenn die Entspannung und Sie selbst häufig zu kurz kommen, kann der richtige Umgang und die Priorisierung der eigenen Bedürfnisse Wunder wirken. Ein stressiger Alltag impliziert häufig schon einen enormen Zeitmangel. In manchen Phasen des Tages bilden wir uns aber auch gerne mal ein, dass ja alles so stressig ist und wir keine Zeit für uns haben, weil wir unsere Prioritäten nicht ganz richtig setzen. Womöglich gucken Sie in Ruhezeiten immer wieder auf ihr Handy und scrollen durch Social Media, weil die heutige Gesellschaft es gewöhnt ist, niemals still zu stehen. So kann schon einmal gut und gerne eine halbe oder ganze Stunde ins Land gehen, ohne dass Sie auch nur eine Sekunde davon durchgeatmet haben. Achten Sie vielleicht in Zukunft darauf, wann Sie eigentlich Ruhephasen hätten und diese aber unbewusst durch Medienberieselung oder Unruhe füllen. Es gibt sogar schon Apps auf dem Markt, die Sie installieren können, um ihre Browserzeit auf Social Media zu messen und einzuschränken. Nehmen Sie sich auch im hektischen Alltag genug Zeit, um nicht schnell unterwegs ein paar Snacks zu essen, sondern in Ruhe am Tisch eine vollwertige Mahlzeit zu sich zu nehmen. Ein Tipp hier ist, die Regel einzuführen, dass die Hauptmahlzeiten in Ruhe am Tisch gegessen werden. Nicht im Gehen oder auf der Couch vor dem Fernseher. Das Handy darf auch mal auf lautlos sein oder in einem anderen Raum liegen. Wenn Sie sich sportlich betätigen möchten, beginnen Sie ruhig mit einer Stunde pro Woche. Meistens ist es am Ende so, dass man seinen Masterplan nicht durchzieht, wenn man direkt in der ersten Woche mindestens drei Mal ins Fitnessstudio gehen wollte. Der Mehrwert liegt immer noch in der Entspannung während dieser Tätigkeit und nicht im Abhaken der unendlich langen To-Do-Liste. Es hilft auch sehr, gemeinsam mit Freunden eine neue Sportart wie Yoga zu beginnen. Man motiviert sich gegenseitig mehr und bindet gleichzeitig entspannende soziale Interaktion mit ein.

1. Comfort Food

Klassischer Schweinebraten mit leckerem Wirsingpüree

Zubereitungszeit: 2,5 Stunden

Schwierigkeitsgrad: mittel

Zutatenliste für 4 Portionen (Wirsing):
1 Wirsing in Stücken, Salz und Pfeffer, Macis und Thymian, 1 Zwiebel gewürfelt, Gänseschmalz

Zutatenliste für 4 Personen (Schweinebraten):
1 kg Schweinebraten, Salz, Pfeffer, Senf (ungezuckert), 2 El Butterschmalz, 500 g Wurzelgemüse (1 kleines Stück Knollensellerie, 1 Karotte, 1 Petersilienwurzel), 1 Tomate, 4 Champignons, 2 rote Zwiebeln, 1 Nelke, 1 Lorbeerblatt, Wasser

Zubereitung pürierter Wirsing:
1. Garen Sie den Wirsing im Kochtopf oder Dampfgarer für 20 Minuten.

2. Erhitzen Sie währenddessen das Gänseschmalz und geben Sie die Zwiebel sowie Thymian und Macis zum Anbraten dazu.

3. Pürieren Sie den Wirsing und geben sie diesen nach dem Abschmecken zum Gänseschmalz und den restlichen Zutaten und vermengen Sie alles gut.

Zubereitung Schweinebraten:

1. Salzen und pfeffern Sie den Braten und bepinseln ihn dann mit Senf.

2. Schneiden Sie die Zwiebel und das Wurzelgemüse in mittelgroße, eher grobe Würfel

3. Lassen Sie das Butterschmalz in der Pfanne sehr heiß werden und braten Sie dann den Schweinebraten auf höchster Stufe und auf jeder Seite (rundherum) an. Nach diesem Schritt kann der Schweinebraten auf einem separaten Teller zur Seite gestellt werden.

4. Die Zwiebeln, Champignons, das Wurzelgemüse und die Tomate werden in dem übrigen Butterschmalz scharf angebraten, sodass eine leichte bräunliche Färbung eintritt.

5. Daraufhin wird das angebratene Gemüse mit etwa 150 ml Wasser abgelöscht.

6. Als Nächstes muss der Braten wieder mittig in der Pfanne platziert werden. Geben Sie die Zwiebel, gespickt mit Lorbeerblatt und Nelke, hinzu und bringen Sie alles gemeinsam zum Kochen.

7. Köcheln Sie den Braten auf niedriger Stufe, bis das Wasser reduziert ist. Gießen Sie solange wieder mit Wasser auf, bis der Schweinebraten gar ist.

8. Anschließend wird das Gemüse püriert, sodass sich eine flüssige Sauce daraus ergibt.

Nährwertangaben:
408 kcal, Fett 19 g, Kohlenhydrate 9,5 g, Eiweiß 29 g

Pizza mit Thunfischboden

Zubereitungszeit: 35 Minuten

Schwierigkeitsgrad: einfach

Zutatenliste für 2 Personen:

2 Dosen Thunfisch (im eigenen Saft), 4 mittelgroße Eier, 40 g geriebener Parmesan, 12 El Tomaten (passiert), 2 El Olivenöl, Oregano, 160 g Büffelmozzarella, eine Handvoll frischer Basilikumblätter, Cayennepfeffer, Salz, Pizzagewürz

Zubereitung:

1. Heizen Sie den Backofen auf 180 °C Umluft vor und legen Sie sich ein gelochtes Pizzabackblech oder ein normales Blech mit Backpapier zur Seite.

2. Lassen Sie den Saft aus der Dose mit dem Thunfisch ablaufen und füllen diesen in eine Schüssel.

3. Ergänzen Sie die Eier, den geriebenen Parmesan, Oregano, Salz und Pfeffer.

4. Nachdem die Masse gut durchgemischt wurde und ein paar Minuten ziehen konnte, verteilen Sie diese möglichst ebenmäßig und rund wie einen normalen Pizzaboden auf dem Backblech.

5. Die Masse muss dann für 10 bis 15 Minuten im vorgeheizten Backofen vorgaren.

6. Währenddessen kann die Tomatensoße angerührt werden. Dazu vermischen Sie die passierten Tomaten in einer Schüssel mit dem Olivenöl. Das Basilikum wird, bis auf einen Zweig, klein gehackt und mit Salz sowie Pfeffer in die Soße eingerührt. Der Mozzarella kann daraufhin schon in Scheiben geschnitten bereitgelegt werden.

7. Nachdem der ausgebackene Pizzaboden für 2 Minuten abgekühlt hat, kann dieser mit der Tomatensoße bestrichen werden. Lassen Sie beim Bestreichen am Rand bitte circa eine Daumenbreite Platz.

8. Zuletzt können Sie den Pizzaboden mit Mozzarella belegen und die Pizza für circa 10 bis 12 Minuten in den Ofen schieben, bis der Mozzarella zerlaufen ist.

9. Garnieren Sie die Pizza vor dem Servieren mit dem übrig behaltenen Basilikumzweig.

Nährwertangaben:

718 kcal, Fett 44 g, Kohlenhydrate 7,6 g, Eiweiß 69 g

Pfannkuchenrolle mit Schinken

Zubereitungszeit: 15 Minuten

Schwierigkeitsgrad: leicht

Zutatenliste für 2 Personen:

4 Eier, 4 Scheiben Schinken, 100 ml Milch, 2 TL Rapsöl, 60 g geriebener Emmentaler, 20 g Petersilie, Salz und Pfeffer

Zubereitung:

1. Verquirlen Sie die Eier und die Milch miteinander und würzen dann mit Salz und Pfeffer. Waschen und hacken Sie die Petersilie und geben diese dann mit in die Mischung.

2. Erhitzen Sie daraufhin das Öl in der Pfanne und gießen den Teig dazu. Der Teig muss für 3 Minuten auf mittlerer Stufe stocken.

3. Anschließend wird der geriebene Emmentaler auf dem gestockten Eierkuchen verteilt und dort angeschmolzen. Auf dem geschmolzenen Käse kann der Schinken verteilt und noch für eine Minute erwärmt werden.

Nährwertangaben:

379 kcal, Fett 23,8 g, Kohlenhydrate 5,6 g, Eiweiß 35,8 g

Bratkartoffeln aus Kohlrabi

Zubereitungszeit: 20 Minuten

Schwierigkeitsgrad: leicht

Zutatenliste für 2 Personen:

2 Kohlrabi, 2 mittelgroße Zwiebeln, 60 g gewürzter Katenschinken, ein Bund frische Petersilie, Salz, Pfeffer, Cayennepfeffer, Oregano, Kurkuma, 4 El Olivenöl, etwas Wasser

Zubereitung:

1. Schälen Sie zunächst die Kohlrabis und schneiden diese in quadratische Stäbchen. Mit einer Vierkantreibe oder einer Raspel lassen sich dann kleine dünne Stücke von den Stäbchen abraspeln.

2. Schälen und hacken Sie die Zwiebeln und braten diese dann mit Olivenöl in der Pfanne an.

3. Währenddessen kann der geraspelte Kohlrabi mit einem Esslöffel Olivenöl, Salz, Pfeffer, Oregano und Cayennepfeffer vermischt werden. Der gewürzte Kohlrabi wird dann zu den Zwiebeln in die Pfanne gegeben und angebraten. Durch regelmäßiges Umrühren und Garen auf mittlerer Stufe werden die gesunden Bratkartoffeln reduziert.

4. Anschließend können Sie zwei Handvoll frische Petersilie waschen, hacken und mit dem gewürfelten Katenschinken und Kurkuma mit anbraten und durchmischen.

5. Wenn der Kohlrabi noch nicht weich genug ist, fügen Sie einen Schuss Wasser hinzu und lassen die Flüssigkeit solange einreduzieren, bis die Kohlrabi-Scheibchen die gewünschte Konsistenz haben.

Nährwertangaben:

397 kcal, Fett 26,6 g, Kohlenhydrate 17 g, Eiweiß 21 g

Hähnchengyros an Gurkensalat

Zubereitungszeit: 20 Minuten

Schwierigkeitsgrad: leicht

Zutatenliste für 2 Personen:

400 g Hähnchengeschnetzeltes, 4 El Olivenöl, 2 El Sojasoße, 1 El Oregano, 1 TL Paprikapulver, Rosmarin, 1 Stange Frühlingszwiebeln, eine halbe Salatgurke, 1 TL Senf, 1 El Joghurt, ein kleiner Schuss Milch, 2 El Zaziki, Salz und Pfeffer

Zubereitung:

1. Schneiden Sie das Hähnchengeschnetzelte noch in etwas kleinere Streifen. Marinieren Sie das Hähnchenfleisch dann mit 3 Esslöffeln Olivenöl, Salz, Pfeffer, Paprikapulver, Oregano, Sojasoße und Rosmarin. Lassen Sie das Fleisch kurz durchziehen.

2. Erhitzen Sie die Pfanne, ohne Öl hinzuzugeben, und braten Sie das Hähnchenfleisch dann scharf von allen Seiten an. Während das Fleisch anbrät, kann die Frühlingszwiebel in dünne Ringe geschnitten werden.

3. Waschen Sie daraufhin die halbe Salatgurke ab und schneiden diese in dünne Scheiben. Die Gurkenscheiben müssen dann mit dem Senf, Joghurt, einem Esslöffel Olivenöl, Milch sowie Salz und Pfeffer vermischt werden.

4. Geben Sie die Frühlingszwiebeln nach dem Braten zum Hähnchenfleisch und richten Sie das Fleisch zusammen mit dem Gurkensalat und einem Esslöffel Zaziki auf dem Teller an.

Nährwertangaben:

486 kcal, Fett 29 g, Kohlenhydrate 10 g, Eiweiß 52 g

Leckerer Feta-Grillkäse

Zubereitungszeit: 15 Minuten

Schwierigkeitsgrad: leicht

Zutatenliste für 2 Personen:

2 Packungen Feta, 1 Fleischtomate, 2 El Olivenöl, eine halbe Zwiebel, 1 Stange Frühlingszwiebel, eine Prise Pfeffer

Zubereitung:

1. Lassen Sie den Feta abtropfen. Bereiten Sie je eine Hand Zwiebelringe und Frühlingszwiebel zu. Schneiden Sie außerdem die Tomate in Scheiben.

2. Es sollte je ein Fetakäse auf ein ausgebreitetes Backpapier gelegt werden. Verteilen Sie Zwiebeln, Frühlingszwiebeln und Tomaten auf dem Feta und begießen dann alles mit etwas Öl. Eine Prise Pfeffer zum Nachwürzen wird auch empfohlen.

3. Verschließen Sie anschließend das jeweilige Backpapier zu einem kleinen Paket. Dies geht mit einer ofenfesten Schnur oder noch einfacher mit dem Tacker.

4. Legen Sie die Fetapakete für mindestens 10 Minuten auf einen schon vorgeheizten Grill. Hier ist zu beachten, dass die Flamme nicht in direkte Berührung mit dem Essen kommen darf, also indirekt gegrillt werden soll.

Nährwertangaben:

562 kcal, Fett 47 g, Kohlenhydrate 5g, Eiweiß 52 g

Zucchini-Lasagne

Zubereitungszeit: 95 Minuten

Schwierigkeitsgrad: mittel

Zutatenliste für 6 Personen (eine komplette Lasagne):

700 g gemischtes Hackfleisch, 2 Zwiebeln, 1 Knoblauchzehe, 1 El Tomatenmark, 500 g gestückelte Tomaten, ein halber Bund Basilikum, 500 g Ricotta, 150 geriebener Mozzarella in light, 100 g geriebener Parmesan, 1 Ei, 5 mittelgroße Zucchini, Salz und Pfeffer

Zubereitung:

1. Braten Sie das Hackfleisch in Olivenöl an, fügen Sie Zwiebeln und Knoblauch hinzu und braten Sie alles gemeinsam für weitere 5-6 Minuten.

2. Geben Sie Tomatenmark mit in die Pfanne und schwitzen Sie das Fleisch noch einmal für 2 Minuten an. Daraufhin kann das gehackte Basilikum mit den gestückelten Tomaten in die Pfanne. Würzen Sie mit Salz und Pfeffer nach und lassen Sie alles 15 Minuten auf niedriger Stufe köcheln.

3. Der Ofen kann auf 180 °C vorgeheizt werden. Danach müssen die Zucchini abgewaschen, abgetrocknet und mit dem Sparschäler in dünne Scheibchen geschält werden. Tupfen Sie die Scheiben im Nachgang noch mit einem Zewa ab, um überschüssiges Wasser zu entziehen.

4. Vermengen Sie Ricotta, Parmesan und Ei miteinander und fetten sie eine Auflaufform dünn mit Öl ein.

5. Die unterste Schicht ist die Hackfleischsoße. Legen Sie als zweite Schicht gleichmäßig verteilte Zucchinischeiben in die Form und würzen diese mit Pfeffer und Salz. Daraufhin muss die Ricotta-Mischung auf den Zucchinischeiben verstrichen werden. Diesen Vorgang können Sie wiederholen, bis alle Komponenten aufgebraucht worden sind.

6. Die abschließende Zucchinischicht wird dann mit dem Mozzarella bestreut und alles für 40 bis 45 Minuten im Ofen ausgebacken.

Nährwertangaben:

629,7 kcal, Fett 40,7 g, Kohlenhydrate 13,4 g, Eiweiß 4,8 g

Warme Käsesuppe mit Pilzen

Zubereitungszeit: 20 Minuten

Schwierigkeitsgrad: leicht

Zutatenliste für 2 Personen:

200 g braune Champignons, 60 g Zwiebel, 2 Knoblauchzehen, 40 g Frühlingszwiebel, 6g Petersilie, 500 ml Gemüsebrühe, 100 ml Weißwein, 140 ml Creme Fine zum Kochen, 160 g Parmesan, 2 El Olivenöl, Salz und Pfeffer

Zubereitung:

1. Putzen Sie die Champignons und schneiden diese in dünne Scheiben. Hacken Sie Zwiebel, Knoblauch, Frühlingszwiebel und Petersilie.

2. Erhitzen Sie das Öl in einem Topf und dünsten Sie Zwiebel sowie Knoblauch darin an. Löschen Sie daraufhin mit Wein und Gemüsebrühe ab und lassen alles zusammen 5 Minuten auf niedriger Stufe köcheln.

3. Anschließend kann der Käse eingerührt und geschmolzen werden. Fügen Sie dann die Sahne, Salz und Pfeffer hinzu und pürieren alles mit einem Stabmixer.

4. Geben Sie anschließend die Frühlingszwiebeln und Petersilie mit in die Suppe.

5. Parallel kann 1 TL Öl in der Pfanne erhitzt werden. Braten Sie die Champignons gleichmäßig an und geben diese dann zum Servieren mit in die Suppe.

Nährwertangaben:

596 kcal, Fett 43,4 g, Kohlenhydrate 11 g, Eiweiß 32,7 g

Auberginen-Pommes-Sticks

Zubereitungszeit: 10 Minuten

Schwierigkeitsgrad: leicht

Zutatenliste für 2 Personen:

2 Auberginen, 4 Eigelb, 2 El Rapsöl, 4 El Süßlupinenmehl, Salz

Zubereitung:

1. Waschen Sie die Aubergine und schneiden Sie das obere und untere Stück etwas ab. Schneiden Sie daraufhin die Aubergine in Stäbchen.

2. Bereiten Sie sich eine Schüssel mit Eigelb und eine mit Mehl vor und stellen Sie diese nebeneinander.

3. Wälzen Sie die Stäbchen in Eigelb und dann in Mehl und braten Sie diese von allen Seiten in Öl an.

Nährwertangaben:

257 kcal, Fett 12 g, Kohlenhydrate 12 g, Eiweiß 16 g

Spitzkohl-Hackpfanne

Zubereitungszeit: 30 Minuten

Schwierigkeitsgrad: leicht

Zutatenliste für 2 Personen:

1/2 Spitzkohl, 1 Zwiebel, 300 g Hackfleisch, 50 ml Gemüsebrühe, 50 g leichter Kräuterfrischkäse, 100 ml Rama Cremefine, 1 El Olivenöl, Muskat, Salz und Pfeffer

Zubereitung:

1. Schälen und hacken Sie die Zwiebel. Putzen, waschen und halbieren Sie außerdem den Spitzkohl. Der Strunk wird herausgetrennt und in Streifen geschnitten.

2. Erhitzen Sie das Öl in einer Pfanne und braten sie das Hackfleisch mit den Zwiebelwürfeln an. Außerdem kann mit Salz und Pfeffer nachgewürzt werden. Wenn das Fleisch durchgebraten ist, fügen Sie den Spitzkohl und die Gemüsebrühe hinzu. Alles gemeinsam muss für 10 Minuten auf niedriger Stufe köcheln.

3. Zuletzt müssen Frischkäse und Sahne hinzugefügt werden und für weitere 5 Minuten mitkochen. Am Ende kann die Spitzkohlpfanne mit Salz, Pfeffer und Muskat abgeschmeckt und angerichtet werden.

Nährwertangaben:

566 kcal, Fett 38 g, Kohlenhydrate 8 g, Eiweiß 37 g

Pizzasuppe

Zubereitungszeit: 30 Minuten

Schwierigkeitsgrad: leicht

Zutatenliste für 2 Personen:

250 g gemischtes Hackfleisch, 60 g Zwiebel, 100 g Paprika, 200 g kleine Zucchini, 100 g Champignons, 160 g Kirschtomaten, Basilikum, 2 TL italienische Kräuter, 60 g Frischkäse, 60 g Sahne, 200 g passierte Tomaten, 300 ml Gemüsebrühe, 2 El Olivenöl, Salz und Pfeffer

Zubereitung:

1. Hacken Sie die Zwiebeln und schwitzen diese mit dem Olivenöl in der Pfanne an. Geben Sie dann das Hackfleisch hinzu und braten alles gemeinsam kurz an.

2. Fügen Sie die passierten Tomaten, Sahne, Frischkäse und Oregano mit hinzu, verrühren alles und lassen die Suppe kurz aufkochen.

3. Gießen Sie die Gemüsebrühe mit in die Suppe und kochen diese dann für 10 Minuten.

4. Anschließend rühren Sie gehacktes Basilikum mit ein und würzen mit Salz und Pfeffer nach.

Nährwertangaben:

517 kcal, Fett 31,7 g, Kohlenhydrate 17,8 g, Eiweiß 35,4 g

2. Health Booster

Ingwer-Tomatensuppe

Zubereitungszeit: 35 Minuten

Schwierigkeitsgrad: leicht

Zutatenliste für 2 Personen:

600 g Tomaten, 80 g Schalotten, 2 Knoblauchzehen, 6g Ingwer, 4g getrockneter Thymian, 2 Lorbeerblätter, 2 El Zitronensaft, 2 El Tomatenmark, Paprikapulver, 340 ml Gemüsebrühe, 2 TL Xucker light, 2 TL Butter, Thymian, Salz und Pfeffer

Zubereitung:

1. Waschen und trocknen Sie die Tomaten und schneiden diese in Stücke. Hacken Sie Knoblauch sowie Schalotten. Der Ingwer wird geschält und gerieben. Dünsten Sie dann den Knoblauch, die Schalotten und den Ingwer in einem Topf mit etwas Butter an.

2. Fügen Sie das Tomatenmark und den Xucker hinzu und schwitzen alles gemeinsam noch einmal kurz an.

3. Daraufhin können die Tomaten mit Salz, Paprikapulver und Pfeffer mit in den Topf. Lassen Sie die Masse für circa 7 Minuten bei wenig Hitze schmoren.

4. Anschließend wird alles mit Gemüsebrühe abgelöscht. Es müssen Lorbeerblätter und Thymian hinzugefügt werden, sodass alle Zutaten für weitere 10 Minuten köcheln können. Entfernen Sie die Lorbeerblätter, pürieren Sie alles mit einem Stabmixer und schmecken Sie die Suppe abschließend mit etwas Zitronensaft, Salz und Pfeffer ab.

Nährwertangaben:

206 kcal, Fett 13,7 g, Kohlenhydrate 13,8 g, Eiweiß 5,3 g

Smoothie-Bowl

Zubereitungszeit: 8 Minuten

Schwierigkeitsgrad: leicht

Zutatenliste für 2 Personen:

1 Banane, 1 Birne, 1/2 Apfel, 250 ml Mandelmilch, 4 El Bio Chia-Samen, 2 El Mandelcreme, 2 TL Spirulina-Pulver, 2 El Kokosraspeln, 2 El Haferflocken, eine Handvoll Trauben, Granatapfelkerne

Zubereitung:

1. Geben Sie Mandelmilch, 2/3 der Banane, die ganze Birne, das Spirulina-Pulver und die Chiasamen in den Mixer und mixen Sie alle Zutaten eine Minute lang auf der höchsten Stufe zu einem glatten Brei.

2. Füllen Sie den Smoothie in eine Müslischale.

3. Garnieren Sie den Smoothie dann noch mit dem Rest der Banane, dem Apfel, Haferflocken, Chiasamen, Kokosraspeln, Trauben und Granatapfelkernen.

Nährwertangaben:

335 kcal, Fett 18 g, Kohlenhydrate 32 g, Eiweiß 8 g

Feta-Rote-Beete-Salat

Zubereitungszeit: 50 Minuten

Schwierigkeitsgrad: leicht

Zutatenliste für 2 Personen:

2 Knollen Rote Beete, 140 g Babyspinat, 100 g Feta, 20 g Walnüsse, 2 El Olivenöl, 2 El Balsamico, 2 TL Honig, 2 El Wasser, Salz und Pfeffer

Zubereitung:

1. Putzen Sie die Rote Beete und lassen Sie die Knollen in einem Topf mit heißem Salzwasser 40 Minuten lang köcheln. Nach der Kochzeit können Sie das Wasser abgießen, die Knollen abtropfen lassen und diese dann schälen und in mundgerechte Scheiben schneiden.

2. Waschen Sie den Babyspinat und lassen diesen ebenfalls gut abtropfen. Richten Sie dann die Rote Beete und den Babyspinat auf einem Teller an. Bröseln Sie Feta und Walnusskerne darüber.

3. Verrühren Sie für das Dressing Olivenöl, Honig, Wasser und Balsamico miteinander. Das Dressing kann noch mit Salz und Pfeffer gewürzt werden. Beträufeln Sie den Salat zum Anrichten mit dem Dressing.

Nährwertangaben:

408 kcal, Fett 31,1 g, Kohlenhydrate 17,7 g, Eiweiß 13,7 g

Vitaminreiche Brokkolisuppe

Zubereitungszeit: 35 Minuten

Schwierigkeitsgrad: leicht

Zutatenliste für 2 Personen:

250 g Brokkoli, 1/2 Stange Lauchzwiebel, 1 Knoblauchzehe, 50 g Petersilie, 1 El Butter, 250 ml Gemüsebrühe, 50 ml Cremefine zum Kochen (15 %), 2 El Crème fraîche, Muskat, Salz und Pfeffer

Zubereitung:

1. Hacken Sie den Knoblauch und die Lauchzwiebel und dünsten Sie beides kurz in einem Topf mit Butter an.

2. Waschen Sie den Brokkoli, schneiden den Stiel ab und zerkleinern Sie diesen in kleine Röschen. Die Brokkoliröschen können für circa 5 Minuten im Topf mit angebraten werden.

3. Löschen Sie mit Gemüsebrühe ab und lassen alles für 20 Minuten köcheln.

4. Pürieren Sie die Masse anschließend mit einem Stabmixer und würzen mit Salz, Pfeffer und Muskat nach. Fügen Sie noch Sahne und Creme Fine hinzu und lassen alles kurz aufkochen.

5. Servieren Sie die Suppe mit etwas gehackter Petersilie und einem Esslöffel Crème fraîche.

Nährwertangaben:

163,5 kcal, Fett 12,4 g, Kohlenhydrate 6,8 g, Eiweiß 6,2 g

Pizza mit Spinat und Lachs

Zubereitungszeit: 40 Minuten

Schwierigkeitsgrad: mittel

Zutatenliste für 1 Pizza (8 Stücke):

60 g Mandelmehl, 2 Eier, 120 g Magerquark, 120 g geriebener Gouda, 2 EL Chiasamen, 1 TL Weißweinessig, 60 g Crème fraîche, 80 g Räucherlachs, 40 g frischer Spinat, 40 g Parmesan, 1 rote Zwiebel, Salz und Pfeffer

Zubereitung:

1. Heizen Sie den Backofen auf 180 °C Ober-/Unterhitze vor und legen Sie ein Pizzablech mit Backpapier aus.

2. Vermengen Sie Mandelmehl, Eier, Magerquark, Gouda, Chiasamen und Weißweinessig miteinander und streichen Sie die Teigmasse auf dem Pizzablech mit Backpapier glatt.

3. Backen Sie den Pizzateig für etwa 15 Minuten auf mittlerer Schiene im Backofen. Eventuell entstehende Blasen können später einfach eingedrückt werden und sind ganz normal bei diesem Teig.

4. Waschen Sie den Spinat, tupfen diesen trocken und stellen den Lachs als Belag bereit.

5. Nehmen Sie das Pizzablech aus dem Ofen und bestreichen Sie den ausgebackenen Teig mit Crème Fraîche. Daraufhin kann dieser mit Spinat und Lachs belegt werden. Schälen Sie eine Zwiebel und schneiden Sie diese in dünne Scheiben. Nachdem die Pizza auch mit der Zwiebel belegt wurde, kann mit Salz und Pfeffer nachgewürzt werden.

6. Bestreuen Sie die Pizza mit Parmesan und schieben das Blech für weitere 15 bis 20 Minuten in den Backofen.

Nährwertangaben:

145 kcal, Fett 11 g, Kohlenhydrate 3g, Eiweiß 13 g

Grüne Frühstücks-Vitamin-Bombe

Zubereitungszeit: 5 Minuten

Schwierigkeitsgrad: leicht

Zutatenliste für 2 Personen:

100 g Ananas, 500 ml Mandelmilch, 2 EL Chiasamen, 2 TL Weizengraspulver

Zubereitung:

1. Schneiden Sie die Ananas auf und geben Sie die geschälten Stücke in den Mixer.

2. Fügen Sie Mandelmilch, Chiasamen und Weizengraspulver hinzu und mixen Sie alles für 2 bis 3 Minuten gut durch.

3. Serviert werden kann der Smoothie im Glas und dann gelöffelt oder langsam getrunken werden.

Nährwertangaben:

125 kcal, Fett 7 g, Kohlenhydrate 8 g, Eiweiß 5g

Rosenkohlsuppe mit Kokos

Zubereitungszeit: 35 Minuten

Schwierigkeitsgrad: leicht

Zutatenliste für 2 Personen:

340 g Rosenkohl, 60 g Zwiebeln, 20 g Ingwer, etwas Zitronensaft, 200 g Kokosmilch, 400 ml Gemüsebrühe, 2 TL Butter, 20 g Erdnüsse, 4g Currypulver, Pfeffer und Salz

Zubereitung:

1. Putzen und halbieren Sie den Rosenkohl, hacken Sie die Zwiebeln und reiben Sie den Ingwer fein, nachdem dieser geschält wurde.

2. Erhitzen Sie Butter in einem Topf und dünsten Sie die Zwiebeln darin glasig an. Ingwer, Rosenkohl und Currypulver werden dann hinzugefügt und kurz mit angebraten. Würzen Sie alles mit Salz und Pfeffer und löschen Sie mit Gemüsebrühe ab. So kann alles 10-12 Minuten auf schwacher Hitze köcheln.

3. Nehmen Sie ungefähr 5 Rosenkohlhälften aus dem Topf und stellen diese zur Seite. Geben Sie dann die Kokosmilch zur Suppe hinzu und lassen alles wieder für 10 Minuten köcheln.

4. Pürieren Sie anschließend alles fein und geben einen kleinen Schuss Zitronensaft zum Abschmecken hinzu.

5. Hacken Sie die Erdnüsse und braten diese mit den zurückgelegten Rosenkohlhälften kurz an. Garnieren Sie die Suppe dann vor dem Servieren damit.

Nährwertangaben:

467 kcal, Fett 41 g, Kohlenhydrate 13,8 g, Eiweiß 12,3 g

Chicorée überbacken

Zubereitungszeit: 30 Minuten

Schwierigkeitsgrad: leicht

Zutatenliste für 2 Personen:

2 Chicorée, 2 Stangen Lauchzwiebel, 100 g gekochter Schinken, 300 g gestückelte Tomaten, 80 g geriebener Emmentaler, 2 El Olivenöl, Salz und Pfeffer

Zubereitung:

1. Heizen Sie zunächst den Ofen auf 180 °C vor.

2. Erhitzen Sie das Olivenöl in der Pfanne und braten Sie den Chicorée von beiden Seiten für etwa 2 Minuten an. Nehmen Sie diesen dann zunächst aus der Pfanne und stellen ihn beiseite.

3. Hacken Sie den Schinken und die Lauchzwiebeln und braten diese im übrigen Bratfett kurz an. Fügen Sie daraufhin die gestückelten Tomaten hinzu, würzen Sie alles mit Salz und Pfeffer nach und lassen Sie die Mischung für 5 Minuten köcheln.

4. Gießen Sie die Tomatensoße in eine Auflaufform und legen Sie den Chicorée in die Soße. Bestreuen Sie alles mit dem geriebenen Emmentaler und überbacken dann alles für 15 Minuten im Ofen.

Nährwertangaben:

365 kcal, Fett 24,7 g, Kohlenhydrate 12,4 g, Eiweiß 20,3 g

Leckerer Salat mit Trauben und Radicchio

Zubereitungszeit: 10 Minuten

Schwierigkeitsgrad: leicht

Zutatenliste für 2 Personen:

1 mittelgroßer Kopf Radicchio, ein halber Bund Petersilie, 200 g Weintrauben (kernlos), 1 TL Senf, 1 TL Xucker, 3 El Traubenkernöl, 3 El Walnussöl, 75 g Kirschtomaten, Salz und Pfeffer

Zubereitung:

1. Zerrupfen Sie den Radicchio und entfernen Sie den Strunk. Waschen Sie den Radicchio anschließend und schleudern Sie ihn trocken.

2. Waschen Sie ebenfalls den halben Bund Petersilie und tupfen diesen mit einem Küchentuch trocken. Zupfen Sie anschließend die Blätter von den Stielen ab.

3. Waschen und trocknen Sie die Trauben. Zupfen Sie diese dann vom Stiel ab und halbieren diese anschließend.

4. Verrühren Sie für das Dressing Essig, Senf und Xucker. Lassen Sie danach das Öl bei ständigem Rühren mit einfließen. Abschließend kann das Dressing mit Salz und Pfeffer nachgewürzt werden.

5. Halbieren Sie schließlich die Tomaten, vermischen dann alle Zutaten und servieren den Salat direkt.

Nährwertangaben:

360 kcal, Fett 29 g, Kohlenhydrate 11 g, Eiweiß 3g

Chia-Pudding mit Superfood

Zubereitungszeit: 5 Minuten (muss über Nacht quellen)

Schwierigkeitsgrad: leicht

Zutatenliste für 2 Personen:

8 El Chia-Samen, 16 Goji-Beeren, 400 ml Kokosmilch, 2 TL Buchweizen-Honig, 1/2 Kaki, Meersalz, 10 g Müsli, 10 g Kürbiskerne

Zubereitung:

1. Mischen Sie alle Zutaten, außer den Goji-Beeren, miteinander und lassen Sie die Masse über Nacht quellen. Wenn die Zeit nicht genügt, ist auch eine Quellzeit von minimal 2 Stunden ausreichend.

2. Verteilen Sie dann vor dem Servieren die Goji-Beeren, die Kerne und das Müsli über dem Pudding.

Nährwertangaben:

647 kcal, Fett 49,9 g, Kohlenhydrate 30 g, 12,7 g

3. To Go

Bällchen auf Zucchinibasis mit Käse

Zubereitungszeit: 35 Minuten

Schwierigkeitsgrad: mittel

Zutatenliste für 16 Bällchen:

1 Zucchini, 2 Eier, 100 g helles Mandelmehl, 20 g Kokosmehl, 20 g geriebener Parmesan, 50 g Gratinkäse, Salz und Pfeffer

Zubereitung:

1. Heizen Sie den Backofen auf 220 °C vor und legen Sie ein Backblech mit Backpapier aus.

2. Vermischen Sie Eier, Mandelmehl, Kokosmehl, Gratinkäse und Parmesan. Würzen Sie die Masse mit Salz und Pfeffer und fügen Sie etwas Wasser hinzu, wenn der Teig zu fest wird.

3. Zerkleinern Sie die Zucchini mit einer Küchenmaschine. Wenn diese nicht vorhanden ist, kann die Zucchini auch mit der Vierkantreibe gerieben werden. Achten Sie hier darauf, dass die Masse nicht zu sehr verwässert, wenn Sie die Zucchini in den Teig geben.

4. Formen sie mit den Händen kleine, mundgerechte Bällchen. Legen Sie die geformten Bällchen auf das Blech und backen diese dann für 15 bis 20 Minuten aus. Die Bällchen sollten jedoch im Auge behalten werden. Wenn eine Seite etwas zu dunkel wird, nehmen Sie das Blech kurz aus dem Ofen und wenden die Bällchen.

Nährwertangaben:

50 kcal, Fett 3g, Kohlenhydrate 2g, Eiweiß 5g

Schnitzel aus Kohlrabi

Zubereitungszeit: 30 Minuten

Schwierigkeitsgrad: mittel

Zutatenliste für 2 Personen:

1 Kohlrabi (400g), 2 Eier, 200 g gemahlene Mandeln, 2 El Kokosöl, 100 g Quark, Salz, Pfeffer und frische Kräuter der Wahl

Zubereitung:

1. Entfernen Sie den Kohlrabi von seinem Kraut und entfernen Sie die Schale mit einem Sparschäler. Währenddessen kann Wasser mit einer Prise Salz in einem Topf zum Kochen gebracht werden. Lassen Sie den geschälten Kohlrabi dann für 20 Minuten köcheln.

2. Verquirlen Sie die zwei Eier in einem tiefen Teller mit Salz und Pfeffer. Die gemahlenen Mandeln müssen in einen separaten tiefen Teller.

3. Gießen Sie das Kochwasser des Kohlrabis ab und lassen ihn etwas abkühlen. Schneiden Sie den Kohlrabi dann quer in ungefähr 1 cm dicke Scheiben.

4. Die Scheiben müssen dann zuerst im Ei und daraufhin in den Mandeln gewälzt werden.

5. Erhitzen Sie das Kokosöl in einer Pfanne und braten Sie die Kohlrabi-Schnitzel rundherum goldbraun an.

6. Zu den Schnitzeln kann besonders gut Kräuterquark gereicht werden.

Nährwertangaben:

370 kcal, Fett 35 g, Kohlenhydrate 8 g, Eiweiß 16 g

Brot mit Chiasamen und Karotten

Zubereitungszeit: 40 Minuten

Schwierigkeitsgrad: leicht

Zutatenliste für 1 Brot:

120 g Bio-Mandelmehl, 200 g Magerquark, 8 Eier, 4 El Flohsamenschalen, 2 TL stärkefreies Backpulver, 4 El Bio Chia-Samen, 10 Karotten, 2 EL Xucker light, Sesam

Zubereitung:

1. Heizen Sie den Backofen auf 200 °C Ober-/Unterhitze vor.

2. Reiben Sie die Karotten und geben diese mit allen anderen Zutaten in eine große Schüssel. Verrühren Sie alles miteinander.

3. Legen Sie dann eine Brotbackform mit Backpapier aus oder fetten Sie diese gut ein. Füllen Sie den Teig daraufhin in die Brotbackform, verteilen diesen gleichmäßig und verstreuen die Körner darauf.

4. Der Teig kann dann für 30 Minuten im Ofen ausbacken.

5. Um zu prüfen, ob der Teig gar ist, können Sie diesen mit einem Holz- oder Metallstäbchen einstechen. Wenn nichts an dem Stäbchen haften bleibt, ist das Brot fertig gebacken.

6. Nachdem das Brot etwas abgekühlt ist, kann es in Scheiben geschnitten und nach Belieben belegt werden. Die Nährwertangaben gelten für eine nicht belegte Scheibe.

Nährwertangaben:

55 kcal, Fett 3g, Kohlenhydrate 4g, Eiweiß 6g

Gefächertes Hühnchen mit Pesto und Ofengemüse

Zubereitungszeit: 35 Minuten

Schwierigkeitsgrad: mittel

Zutatenliste für 2 Personen:

400 g Hähnchenbrust (2 Stück), 4 El Tomatenpesto, 1 Mozzarella-Kugel, eine halbe rote Paprika, 1 Tomate, 1 Lauchzwiebel, Salz und Pfeffer

Zubereitung:

1. Heizen Sie den Ofen auf 180 °C Umluft vor und legen Sie ein Backblech mit Backpapier, sowie eine Auflaufform bereit.

2. Hacken Sie das Gemüse in mundgerechte, kleine Stücke und stellen Sie diese in einer kleinen Schüssel auf das Backblech. Variierend können Sie das Gemüse auch mit in die Auflaufform geben. Würzen Sie dieses dann mit Salz und Pfeffer nach.

3. Die Hähnchenbrust muss unter kaltem Wasser kurz abgewaschen und trocken getupft werden. Schneiden Sie die beiden Stücke mit einem möglichst scharfen Messer dann gefächert ein.

4. Reiben Sie dann beide Stücke mit dem Tomatenpesto ein und schneiden den Mozzarella in Scheiben. Füllen Sie die Fächer der Hähnchenbrust mit dem Mozzarella und würzen Sie mit Salz und Pfeffer nach.

5. Legen Sie die Hähnchen dann entweder auf das Gemüse in die Auflaufform oder neben die Schüssel auf das Backblech. Beide Varianten müssen im Ofen für etwa 25 Minuten backen.

Nährwertangaben:

490 kcal, Fett 25 g, Kohlenhydrate 10 g, Eiweiß 60 g

Basispizza ohne Mehl

Zubereitungszeit: 30 Minuten

Schwierigkeitsgrad: leicht

Zutatenliste für 2 Personen:

120 g Quark mit 20 % Fettanteil, 2 mittelgroße Eier (Größe M), 120 g geriebener Käse, Tomatenmark, Wasser, Salz und Pfeffer

Zubereitung:

1. Heizen Sie den Backofen auf 180 °C Ober- und Unterhitze vor und legen Sie ein Backblech mit Backpapier bereit.

2. Vermischen Sie den Quark, die Eier und den Käse in einer Schüssel und streichen Sie die Mischung kreisrund auf dem Backpapier aus.

3. Backen Sie den Pizzaboden für 15 Minuten im Ofen. Mischen Sie dann das Tomatenmark mit Wasser und den Gewürzen zu einer Soße und verteilen Sie diese auf dem ausgebackenen Pizzaboden.

4. Daraufhin kann die Pizza wie gewünscht belegt werden und muss nach dem Belegen für weitere 10 Minuten in den Ofen. Die Nährwertangaben gelten für den Pizzaboden mit Soße, jedoch ohne zusätzlichen Belag.

Nährwertangaben:

395 kcal, Fett 24 g, Kohlenhydrate 10 g, Eiweiß 33 g

Leckere vollwertige Brötchen auf Quarkbasis

Zubereitungszeit: 60 Minuten

Schwierigkeitsgrad: leicht

Zutatenliste für 3 Brötchen:

125 g Quark mit 20 % Fettgehalt, 25 g Dinkelflocken, 25 g Bio-Mandelmehl, 1 mittelgroßes Ei, 1 El Bio-Flohsamenschalenmehl, 1 El Bio-Chiasamen, 1/2 El geschrotete Bio-Leinsamen, 3,5 g stärkefreies Backpulver, Salz und etwas Sesam

Zubereitung:

1. Heizen Sie den Ofen auf 180 °C Ober- und Unterhitze vor und stellen Sie ein Backblech mit Backpapier bereit.

2. Vermengen Sie alle Zutaten, außer dem Sesam, in einer Schüssel. Besonders gut durchmischen lassen sich die Zutaten bei diesem Rezept mit der Hand.

3. Decken sie den Teig dann zunächst mit einem Tuch ab und lassen ihn mindestens 10 Minuten stehen.

4. Teilen Sie den Teig nach der Ruhezeit in 3 Teile und formen aus den Teilen dann kleine Brötchen. Bestreuen Sie die Brötchen danach mit etwas Sesam.

5. Backen Sie die Brötchen zunächst für 30 Minuten. Stellen Sie den Ofen dann auf reine Oberhitze ein, schieben das Backblech auf eine hohe Position und backen die Brötchen so für weitere 5 bis 10 Minuten, um eine schöne Bräunung zu erreichen.

Nährwertangaben:

145 kcal, Fett 7 g, Kohlenhydrate 8 g, Eiweiß 14 g

Mediterrane Zucchini-Pizza-Baguettes

Zubereitungszeit: 20 Minuten

Schwierigkeitsgrad: leicht

Zutatenliste für 2 Personen:

1 Zucchini, 55 g geriebener Käse, 3 El Tomatenmark, Wasser, 35 g Salami, italienische Kräuter, Salz Pfeffer und Basilikum

Zubereitung:

1. Heizen Sie den Backofen auf 180 °C vor und legen Sie ein Backblech mit Backpapier aus.

2. Waschen Sie die Zucchini und schneiden diese dann in längliche, 0,5 cm dicke Scheiben. Die Scheiben können dann nebeneinander auf das Backblech gelegt werden.

3. Verrühren Sie das Tomatenmark mit etwas Wasser, Salz, Pfeffer und italienischen Kräutern. Die angerührte Tomatensoße kann mit einem Löffel auf den Zucchinischeiben verstrichen werden.

4. Belegen Sie ihre Zucchinischeiben mit Salami oder anderen Zutaten nach Wunsch und bestreuen Sie die Scheiben zuletzt mit dem Käse.

5. Nach einer Backzeit von etwa 13-16 Minuten können die Zucchinischeiben mit etwas Basilikum angerichtet werden.

Nährwertangaben:

205 kcal, Fett 14 g, Kohlenhydrate 8,3 g, Eiweiß 14 g

Leckere Quiche mit Spinat für unterwegs

Zubereitungszeit: 40 Minuten

Schwierigkeitsgrad: mittel

Zutatenliste für 2 Personen:

125 g tiefgekühlter Blattspinat, 1/2 Zwiebel, 2 Eier, 75 ml Sahne, 40 g Reibekäse, 1 El Olivenöl, Salz, Pfeffer und Muskat

Zubereitung:

1. Heizen Sie den Ofen auf 200 °C vor und fetten Sie eine Quicheform ein.
2. Lassen Sie den Blattspinat bei niedriger Hitze auftauen und lassen ihn anschließend gut abtropfen, damit das Gericht nicht zu sehr verwässert.
3. Hacken Sie die Zwiebel und dünsten diese in etwas Öl an. Fügen Sie dann den Spinat hinzu und dünsten für weitere 3 Minuten.
4. Daraufhin können Ei, Sahne, Muskat, Salz und Pfeffer verquirlt werden, um dann den Reibekäse unterzurühren.
5. Verteilen Sie den angedünsteten Spinat gleichmäßig in der Quicheform und gießen den Mix aus Ei und Käse darüber.
6. Backen Sie die Quiche für 25 Minuten und servieren diese direkt.

Nährwertangaben:

290 kcal, Fett 23 g, Kohlenhydrate 4g, Eiweiß 13 g

Gebackener Blumenkohl lecker gewürzt

Zubereitungszeit: 50 Minuten

Schwierigkeitsgrad: mittel

Zutatenliste für 2 Personen:

2 ganze Blumenkohl, 4 Eier, 100 ml Sahne zum Kochen mit 15 % Fettanteil, 200 g geriebener Parmesan mit 35 % Fett i. Tr., 2 TL italienische Kräuter zum Streuen, Salz, schwarzer Pfeffer und Chiliflocken

Zubereitung:

1. Heizen Sie den Ofen auf 180 °C vor und legen Sie ein Backblech mit Backpapier aus.

2. Putzen Sie den Blumenkohl und entfernen Sie die Blätter sowie den Strunk.

3. Verquirlen Sie dann die Eier mit der Sahne, den Gewürzen, den Kräutern und dem Parmesan.

4. Der Blumenkohl kann dann in der Parmesan-Ei-Mischung gewendet und dann vorsichtig auf das Backblech gelegt werden.

5. Backen Sie den Blumenkohl für 40 bis 45 Minuten aus.

Nährwertangaben:

800 kcal, Fett 48 g, Kohlenhydrate 21 g, Eiweiß 66 g

Herzhafte Waffeln mit Schinken und Käse

Zubereitungszeit: 30 Minuten

Schwierigkeitsgrad: leicht

Zutatenliste für 2 Personen:

2 Eier, 50 g Reibekäse, 40 g Schinkenwürfel, 1 TL Johannisbrotkernmehl, etwas Schnittlauch, Petersilie, Salz, Pfeffer und Butter

Zubereitung:

1. Waschen und hacken Sie die frischen Kräuter und geben Sie die Eier in eine Schüssel.
2. Würzen Sie die Eier mit Salz und Pfeffer und rühren sie das Mehl ihrer Wahl gut unter, sodass möglichst keine Klümpchen verbleiben.
3. Geben Sie die Schinkenwürfel, die Kräuter und den Käse zum Ei und verrühren Sie alles gut miteinander.
4. Erhitzen Sie das Waffeleisen und fetten Sie dieses mit Butter ein.
5. Geben Sie eine Schöpfkelle Teig ins Waffeleisen und backen Sie die Waffeln aus, bis eine goldgelbe Färbung eintritt.
6. Serviert werden können die Waffeln besonders gut mit einem Kräuterquark als Dip.

Nährwertangaben:

205 kcal, Fett 12 g, Kohlenhydrate 3g, Eiweiß 19 g

4. Desserts

Tassenkuchen aus der Mikrowelle

Zubereitungszeit: 5 Minuten

Schwierigkeitsgrad: leicht

Zutatenliste für 2 Personen:

2 große Eier, 6 El Milch mit 1,5 % Fettgehalt, 3 El Kokosmehl, 1 TL Backpulver, eine Prise Salz, 2 EL Xucker Light, etwas Füllung nach Wahl (bspw. Schokoladenstückchen)

Zubereitung:

1. Vermischen Sie die trockenen Zutaten, also Mehl, Salz, Backpulver und Xucker in einer kleinen Schüssel miteinander.

2. Mischen Sie ihre optionale Füllung unter.

3. Füllen Sie das Ei und die Milch in die gewünschte Tasse und vermischen die beiden Zutaten gut miteinander. Lassen sie die trockene Mischung in die Tasse einrieseln, während Sie gleichmäßig weiter verrühren.

4. Stellen Sie die Tasse für 3 Minuten bei maximaler Wattanzahl in die Mikrowelle.

Nährwertangaben:

145 kcal, Fett 7,2 g, Kohlenhydrate 6,2 g, Eiweiß 10,5 g

Fruchtiges Joghurt-Dessert mit Blaubeeren

Zubereitungszeit: 75 Minuten

Schwierigkeitsgrad: mittel

Zutatenliste für 2 Personen:

200 g Blaubeeren, 200 g Joghurt mit 3,5 % Fettgehalt, 1 Vanilleschote, 200 g Sahnequark, 2 El Proteinpulver mit Vanillegeschmack, 6 TL Xucker Light, 4 El Orangensaft, etwas Zitronenabrieb, 2 TL Sofort-Gelatinepulver

Zubereitung:

1. Verrühren Sie den Joghurt, das Proteinpulver, den Quark, 2 TL Xucker, das Mark der Vanilleschote und den Zitronenabrieb miteinander.

2. Kochen Sie die Blaubeeren mit dem Orangensaft und dem Xucker auf und lassen Sie die Beeren kurz köcheln. Pürieren Sie dann alles mit dem Stabmixer und streichen die Masse durch ein Sieb.

3. Kochen Sie die gesiebte Flüssigkeit noch einmal auf, rühren Sie die Gelatine unter und lassen alles kurz abkühlen.

4. Füllen Sie dann die Hälfte des Joghurts in ein Glas und gießen etwas von den pürierten Blaubeeren darüber. Verteilen Sie dann den restlichen Joghurt darauf und geben abschließend das restliche Blaubeerpüree darüber.

5. Stellen Sie das Dessert für etwas eine Stunde im Kühlschrank kalt bevor es serviert wird.

Nährwertangaben:

320 kcal, Fett 14,5 g, Kohlenhydrate 20 g, Eiweiß 25 g

Schokoladiger Tassenkeks

Zubereitungszeit: 30 Minuten

Schwierigkeitsgrad: leicht

Zutatenliste für 2 Personen:

50 g Butter, 1 TL Stevia, 2 Tropfen Vanillearoma, 1/2 TL Backpulver, 1 Eiweiß, 30 g Mandelmehl, 4g Schoko-Tröpfchen

Zubereitung:

1. Heizen Sie den Backofen auf 160 °C Umluft vor und stellen Sie zwei kleine und ofenfeste Formen bereit.

2. Schmelzen Sie die Butter und geben diese in eine separate Schüssel.

3. Geben Sie das Vanillearoma, Stevia, das Eiweiß und das Backpulver zur Butter und vermischen Sie alle Zutaten miteinander. Rühren Sie daraufhin das Mandelmehl unter. Der Teig sollte jetzt eine etwas festere Konsistenz erhalten.

4. Rühren Sie den Großteil der Schokoladen-Tröpfchen in den Teig ein und heben Sie ein paar auf.

5. Verteilen Sie den Teig dann in die Förmchen und drücken ihn mit einem Löffel so in die Form, dass der Boden der Förmchen komplett bedeckt ist. Wenn der Teig zu stark klebt, feuchten Sie den Löffel etwas an.

6. Nun können die übrig gelassenen Schoko-Tröpfchen auf den Cookies verteilt werden.

7. Backen Sie den Teig für 20 bis 25 Minuten aus.

Nährwertangaben:

250 kcal, Fett 23 g, Kohlenhydrate 2g, Eiweiß 9 g

Gesundes Bounty

Zubereitungszeit: 105 Minuten

Schwierigkeitsgrad: leicht

Zutatenliste für 5 Riegel:

100 g Kokosraspel, 100 g Kokosmilch, 25 g Vanille-Proteinpulver, 1 EL Xucker Premium, 100 g Xucker-Schokodrops

Zubereitung:

1. Vermengen Sie Kokosraspeln, Kokosmilch, Xucker und Proteinpulver miteinander und kneten Sie alles zu einem geschmeidigen Teig. Formen Sie 5 gleichmäßige Riegel und stellen diese für 60 Minuten kalt.

2. Lassen Sie die Schokolade langsam über einem heißen Wasserbad schmelzen und tauchen die Riegel dann einzeln in die flüssige Schokolade. Danach müssen die Riegel für 30 Minuten trocknen.

Nährwertangaben:

300 kcal, Fett 24 g, Kohlenhydrate 12,3 g, Eiweiß 7,5 g

Gesunde Waffeln

Zubereitungszeit: 20 Minuten

Schwierigkeitsgrad: leicht

Zutatenliste für 2 Personen:

2 El Quark, 60 g Proteinpulver (Vanille), 4 mittelgroße Eier, 100 ml Milch (1,5 %), 2 TL Xucker, 4 TL Wasser, etwas Puderxucker

Zubereitung:

1. Vermischen Sie alle Zutaten miteinander, außer dem Puderxucker.
2. Backen Sie die Waffeln mit einem Waffeleisen aus und bestreuen Sie nach dem Abkühlen mit Puderxucker.

Nährwertangaben:

309 kcal, Fett 14 g, Kohlenhydrate 5g, Eiweiß 39 g

Schoko-Pizza

Zubereitungszeit: 30 Minuten

Schwierigkeitsgrad: leicht

Zutatenliste für 2 Personen:

1 Ei, 60 g gemahlene Mandeln, 10 g Xucker, 10 g Backkakao, 50 g Bitterschokolade (85 %), 50 ml Sahne, 20 g Haselnüsse, 50 g Beeren

Zubereitung:

1. Heizen Sie den Backofen auf 180 °C vor und fetten Sie eine Springform mit 20 cm Durchmesser ein.

2. Geben Sie Ei, Backkakao und Zucker in eine Schüssel und rühren Sie die gemahlenen Mandeln unter.

3. Füllen Sie den Teig in eine Springform, streichen ihn glatt und backen ihn für 15 bis 18 Minuten aus.

4. Zerkleinern Sie die Schokolade und lassen Sie diese langsam über dem Wasserbad schmelzen. Rühren Sie dann die Sahne unter und geben die Mischung auf den ausgekühlten Pizzaboden.

5. Garniert werden kann die Pizza mit Früchten und Nüssen.

Nährwertangaben:

1095 kcal, Fett 95 g, Kohlenhydrate 20 g, Eiweiß 30 g

Kaffee-Creme

Zubereitungszeit: 15 Minuten

Schwierigkeitsgrad: leicht

Zutatenliste für 2 Personen:

140 ml Schlagsahne, 100 g Frischkäse light, 200 g Mascarpone, 2 El Kakaopulver, 40 g Xucker light, 2 Tassen Espresso, 60 g Himbeeren

Zubereitung:

1. Schlagen Sie die Sahne steif und stellen diese zur Seite.

2. Verrühren Sie erst Mascarpone und Frischkäse, um dann Kakaopulver, Espresso und Xucker unterzurühren. Heben Sie zuletzt die geschlagene Sahne unter.

3. Füllen Sie die Creme in Gläser und garnieren Sie diese mit Himbeeren. Vor dem Servieren sollte die Creme für eine bis zwei Stunden in den Kühlschrank gestellt werden.

Nährwertangaben:

670 kcal, Fett 62 g, Kohlenhydrate 8 g, Eiweiß 12 g

Zimtkugeln

Zubereitungszeit: 35 Minuten

Schwierigkeitsgrad: leicht

Zutatenliste für 10 Kugeln:

1 Ei, 50 g gemahlene Mandeln, 50 g gehackte Mandeln, 75 g gemahlene Haselnüsse, 20 g Xucker, ein halber TL Zimt

Zubereitung:

1. Heizen Sie den Ofen auf 150 °C Umluft vor und legen Sie ein Backblech mit Backpapier aus.

2. Trennen Sie die Eier und schlagen Sie das Eiweiß steif.

3. Das Eigelb muss mit Zimt und Xucker schaumig geschlagen werden. Danach können die gemahlenen Mandeln und Haselnüsse untergerührt werden. Heben Sie dann den Eischnee unter und zum Schluss auch die gehackten Mandeln.

3. Formen Sie 10 gleich große Kugeln und legen Sie diese auf das Backblech.

4. Die Zimtkugeln können dann für 20 bis 25 Minuten backen und sollten vor dem Verzehr gut abkühlen.

Nährwertangaben:

121 kcal, Fett 10 g, Kohlenhydrate 1g, Eiweiß 5g

Birnenkuchen

Zubereitungszeit: 50 Minuten

Schwierigkeitsgrad: leicht

Zutaten für einen Kuchen à 10 Portionen:

2 Birnen, 3 Eier, 80 g Xucker, 1 TL Zimt, 200 g Magerquark, 100 g Mandelmehl, 50 g gemahlene Haselnüsse, 1 TL Backpulver

Zubereitung:

1. Heizen Sie den Ofen auf 180 °C vor und fetten Sie eine Springform ein.

2. Schlagen Sie Xucker, Eier und Zimt für mindestens 3 Minuten mit dem Rührgerät schaumig. Rühren Sie dann den Quark unter, daraufhin die gemahlenen Haselnüsse, das Backpulver und das Mandelmehl.

3. Der Teig kann dann in die Springform gefüllt und glatt gestrichen werden.

4. Waschen und schneiden Sie eine Birne in dünne Scheiben, ordnen Sie diese auf dem Kuchenteig an und drücken Sie diese dann leicht ein.

5. Dann backen Sie den Kuchen für 40 Minuten im Ofen aus und lassen ihn vor dem Servieren abkühlen.

Nährwertangaben:

125 kcal, Fett 5g, Kohlenhydrate 5g, Eiweiß 9 g

Kürbiskekse

Zubereitungszeit: 60 Minuten

Schwierigkeitsgrad: mittel

Zutatenliste für 10 Kekse:

50 g Hokkaido-Kürbis, 50 g Butter, 50 g Xucker, 50 g Frischkäse, 35 g Kokosmehl, 1 TL Zimt und eine Prise Salz

Zubereitung:

1. Heizen Sie den Ofen auf 180 °C vor und legen Sie ein Backblech mit Backpapier aus.

2. Putzen Sie den Kürbis, schneiden Sie den Kürbis dann in kleine Würfel, garen Sie diesen in köchelndem Wasser für 20 bis 25 Minuten. Gießen Sie das Wasser ab, aber fangen Sie noch etwas Kochwasser auf.

3. Füllen Sie die Kürbisstücke dann mit etwas Kochwasser in eine Schüssel, pürieren dies und stellen die Masse dann zur Seite.

4. Schmelzen Sie die Butter und verquirlen diese mit Xucker und etwas Zimt. Frischkäse, Kokosmehl, eine Prise Salz und Kürbispüree werden daraufhin untergerührt.

5. Formen Sie 10 gleichgroße Kugeln, drücken Sie diese mit der Gabel auf dem Backblech platt und lassen Sie die Kekse dann für 25 Minuten backen.

6. Lassen sie die Kekse vor dem Verzehr etwas abkühlen.

Nährwertangaben:

66 kcal, Fett 5g, Kohlenhydrate 3g, Eiweiß 2g

Gesunde Schoko-Brownies

Zubereitungszeit: 30 Minuten

Schwierigkeitsgrad: leicht

Zutatenliste für 15 Stücke:

4 Eier, 100 g Xucker, 100 g Kokosöl, 80 g Bitterschokolade (85 %), 30 g Kakao, 100 g Mandelmehl, 1 TL Backpulver

Zubereitung:

1. Heizen Sie den Ofen auf 180 °C vor und legen Sie eine eckige Backform mit Backpapier aus, nachdem Sie diese ebenfalls eingefettet haben.

2. Verrühren sie Eier, Xucker, flüssiges Kokosöl und Kakao miteinander. Lassen Sie die Schokolade langsam über dem Wasserbad schmelzen und geben diese dann zu der Ei-Kakao-Mischung. Zuletzt müssen Mandelmehl und Backpulver hinzugefügt werden.

3 Füllen Sie den Teig in die Backform und backen Sie die Schoko-Brownies für 15 bis 18 Minuten aus.

Nährwertangaben:

155 kcal, Fett 10 g, Kohlenhydrate 1g, Eiweiß 8 g

Fruchtiger Frozen-Joghurt

Zubereitungszeit: 4 Stunden

Schwierigkeitsgrad: leicht

Zutatenliste für 2 Personen:

300 g griechischer Joghurt, 75 g Blaubeeren, 35 g Pistazien, 15 g Xucker, etwas Vanilleextrakt und Zitronenabrieb

Zubereitung:

1. Verrühren Sie den Joghurt mit Vanilleextrakt, Zitronenabrieb und Xucker.
2. Kleiden Sie eine Auflaufform mit Alufolie aus und füllen den Joghurt ein.
3. Rösten Sie die Pistazien in der Pfanne an und mischen diese mit den Blaubeeren unter den Joghurt.
4. Der Joghurt muss dann für mindestens 4 Stunden im Gefrierschrank stehen.

Nährwertangaben:

290 kcal, Fett 20 g, Kohlenhydrate 9 g, Eiweiß 8 g

Gesunde Milchschnitte

Zubereitungszeit: 25 Minuten

Schwierigkeitsgrad: mittel

Zutatenliste für 2 Personen:

2 Eier, 25 g Mandelmehl, 10 g Kokosmehl, 15 g Kakao, 40 g Xucker Premium, ein halber TL Backpulver, 20 ml Wasser, 75 g Sahne, 75 g Magerquark, 4g Gelatine (weiß, gemahlen), etwas Vanilleextrakt

Zubereitung:

1. Heizen Sie den Ofen auf 200 °C vor und legen Sie ein Backblech mit Backpapier aus.

2. Rühren Sie die Eier und 25 g Xucker schaumig. Fügen Sie dann Wasser, Kakao, Kokosmehl, Backpulver und Mandelmehl hinzu und rühren alles gut unter.

3. Streichen Sie den Teig auf dem Backpapier zu einer 0,5 cm dicken Schicht glatt, backen Sie diesen für 15 Minuten und lassen Sie den fertigen Teig gut auskühlen.

4. Schneiden Sie die Ränder ab und zerteilen Sie den Kuchen in der Mitte, sodass zwei gleich große Kuchenplatten entstehen.

5. Schlagen Sie für die Füllung die Sahne steif. Vermischen Sie den Quark mit dem restlichen Xucker und dem Vanilleextrakt und heben Sie dann die Sahne unter. Lösen Sie die Gelatine nach Packungsbeilage auf und heben diese ebenfalls mit unter. Die Masse muss kurz stehen, damit diese fester wird.

6. Streichen Sie die Masse dann auf eine Kuchenplatte, setzen Sie die andere darauf und kühlen Sie die Schnitten für mindestens 4 Stunden.

Nährwertangaben:

340 kcal, Fett 18 g, Kohlenhydrate 5g, Eiweiß 20 g

5. Healthy Herbs

Tee gegen schmerzbegleitete Blutungen

Zubereitungszeit: 5 Minuten

Schwierigkeitsgrad: leicht

Zutaten:

Schafgarbe, Frauenmantel, Gänsefingerkraut

Zubereitung:

1. Mischen Sie alle Heilpflanzen zu gleichen Teilen zu einer Teemischung.
2. Übergießen Sie 2 Teelöffel der Teemischung mit 250 ml heißem Wasser.
3. Lassen Sie den Tee 5 bis 10 Minuten ziehen und absetzen.
4. Der Tee sollte noch warm, aber nicht zu heiß getrunken werden.

Nährwertangaben/Anwendung:

Kräuter und heißes Wasser haben hauptsächlich heilende Eigenschaften, aber fast keine Nährwerte.

Trinken Sie 3x täglich ab dem 5 Tag vor dem geplanten Einsetzen der Blutung eine Tasse und steigern beim Einsetzen der Blutung je nach Bedarf auf 5 Tassen pro Tag.

Entkrampfender Tee

Zubereitungszeit: 5 Minuten

Schwierigkeitsgrad: leicht

Zutaten:

Kamillenblüten, Hopfenzapfen, Gänsefingerkraut

Zubereitung:

1. Mischen Sie alle Heilpflanzen zu gleichen Teilen zu einer Teemischung.
2. Übergießen Sie 2 Teelöffel der Teemischung mit 250 ml heißem Wasser.
3. Lassen Sie den Tee 5 bis 10 Minuten ziehen und absetzen.
4. Der Tee sollte noch warm, aber nicht zu heiß getrunken werden.

Nährwertangaben/Anwendung:

Kräuter und heißes Wasser haben hauptsächlich heilende Eigenschaften, aber fast keine Nährwerte.

Trinken Sie ungefähr 5 bis 7 Tage vor Einsetzen der Blutung bis zu 3 Tassen täglich.

Tee bei zu starker Menstruation

Zubereitungszeit: 5 Minuten

Schwierigkeitsgrad: leicht

Zutaten:

20 g Hirtentäschel, 20 g Schafgarbe, 15 g Himbeerblätter, 10 g Ringelblumenblüten

Zubereitung:

1. Mischen Sie alle Heilpflanzen zu einer Teemischung.
2. Übergießen Sie 2 Teelöffel der Teemischung mit 250 ml heißem Wasser.
3. Lassen Sie den Tee 5 bis 10 Minuten ziehen und absetzen.
4. Der Tee sollte noch warm, aber nicht zu heiß getrunken werden.

Nährwertangaben/Anwendung:

Kräuter und heißes Wasser haben hauptsächlich heilende Eigenschaften, aber fast keine Nährwerte.

Trinken Sie während der Menstruation täglich 2 bis 3 Tassen.

Tee für hormonelle Balance und die Gebärmutterstärkung

Zubereitungszeit: 5 Minuten

Schwierigkeitsgrad: leicht

Zutaten:

Himbeerblätter, Beifußkraut, Frauenmantel, Mönchspfefferfrüchte

Zubereitung:

1. Mischen Sie alle Heilpflanzen zu gleichen Teilen zu einer Teemischung.
2. Übergießen Sie 2 Teelöffel der Teemischung mit 250 ml heißem Wasser.
3. Lassen Sie den Tee 5 bis 10 Minuten ziehen und absetzen.
4. Der Tee sollte noch warm, aber nicht zu heiß getrunken werden.

Nährwertangaben/Anwendung:

Kräuter und heißes Wasser haben hauptsächlich heilende Eigenschaften, aber fast keine Nährwerte.

Trinken Sie täglich 2 bis 3 Tassen.

Schüßler-Salz

Zubereitungszeit: 1 Minute

Schwierigkeitsgrad: leicht

Zutaten:

Schüßler Salz Nr. 25: Aurum chloratum natronatum

Anwendung:

1. Nehmen Sie 3-6x täglich eine bis zwei Tabletten.

Trauben-Silberkerzen-Tee

Zubereitungszeit: 5 Minuten

Schwierigkeitsgrad: leicht

Zutaten:

Wurzel der Traubensilberkerze, Wasser

Anwendung:

1. Übergießen Sie einen bis zwei Teelöffel von der Traubensilberkerzen-Wurzel mit kochendem Wasser und lassen Sie den Tee 15 Minuten ziehen und absetzen.

2. Anschließend können Sie den Tee in kleinen Schlucken und eine bis drei Tassen täglich trinken.

Der Tee hilft besonders gegen jegliche Menstruationsbeschwerden.

Haftungsausschluss

Die Umsetzung aller enthaltenen Informationen, Anleitungen und Strategien dieses Buches erfolgt auf eigenes Risiko. Für etwaige Schäden jeglicher Art kann der Autor aus keinem Rechtsgrund eine Haftung übernehmen. Für Schäden materieller oder ideeller Art, die durch die Nutzung oder Nichtnutzung der Informationen bzw. durch die Nutzung fehlerhafter und/oder unvollständiger Informationen verursacht wurden, sind Haftungsansprüche gegen den Autor grundsätzlich ausgeschlossen. Ausgeschlossen sind daher auch jegliche Rechts- und Schadenersatzansprüche. Dieses Werk wurde mit größter Sorgfalt nach bestem Wissen und Gewissen erarbeitet und niedergeschrieben. Für die Aktualität, Vollständigkeit und Qualität der Informationen übernimmt der Autor jedoch keinerlei Gewähr. Auch können Druckfehler und Falschinformationen nicht vollständig ausgeschlossen werden. Für fehlerhafte Angaben des Autors kann keine juristische Verantwortung sowie Haftung in irgendeiner Form übernommen werden.

Urheberrecht

1. Auflage

Kontakt: JT-Handels-UG/ Berumer Str. 44/ 26844 Jemgum